Mandala
BRUSH LETTERING

Mit dekorativen Motiven zu Harmonie und
Gleichgewicht finden

Nina Rötters

Inhaltsverzeichnis

Wie schön, dass du dich für dieses Buch entschieden hast. In diesem Titel geht es um Handlettering in Verbindung mit Mandalas. Der Begriff Mandala stammt aus dem Sanskrit und bedeutet so viel wie „von der Mitte ausgehend".

In einigen Religionen sind Mandalas daher auch eng mit den Themen Spiritualität und Meditation verbunden. Ein Mandala wird z. B. im Hinduismus und Buddhismus für religiöse Riten verwendet.

In der westlichen Welt haben Mandalas keine religiöse Bedeutung, jedoch ist das Anfertigen von Mandalas auch für uns eine sehr meditative Tätigkeit. Die sich stets wiederholenden Formen und Muster wirken entspannend, wir können beim Zeichnen eines Mandalas abschalten. Zudem fördern Mandalas die Feinmotorik und die Konzentrationsfähigkeit. Die Gemeinsamkeit aller Mandalas ist das Zentrum, um das sich alle Formen und Symbole symmetrisch anordnen. Was im ersten Moment wie ein sehr kompliziert wirkendes Bild erscheint, entpuppt sich beim Anfertigen als gar nicht so schwierig. Das Geheimnis liegt schlicht und einfach darin, dass Mandalas sehr systematisch aufgebaut sind.

In diesem Buch zeige ich dir daher in vielen Schritt-für-Schritt-Anleitungen, wie du die alte Tradition der Mandalas mit der Kunst der Kalligrafie, dem Brush Lettering, stilvoll verbinden und so coole Kunstwerke erschaffst kannst.

Wie wäre es, wenn du dir jeden Tag ein paar Minuten fest reservierst, um an deinen Mandalas zu malen und den Tag Revue passieren lässt? Schalte bewusst ab, koche dir eine Tasse Tee, zünde deine Lieblingsduftkerze an und begib dich mit mir bzw. mit diesem Buch auf eine meditative Mandala-Malreise.

Ich wünsche dir viel Spaß beim Zeichnen deiner Mandala-Bilder und hoffe, dich inspiriert zu haben, eigene Mandalas und Letterings anzufertigen.

Ich würde mich sehr freuen, wenn du mir deine Bilder auf Instagram unter dem Hashtag #NinasMandalamalerei zeigen würden.

Material

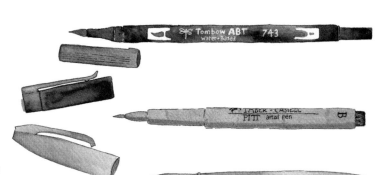

Stifte

Mandalas kannst du mit jedem beliebigen Stift zeichnen. Ganz gleich, ob du dich hierbei für einen Bleistift, einen Buntstift, einen Fineliner oder einen Kugelschreiber entscheidest, möglich sind all diese Stifte. Dein Mandala wird jedoch je nach Stiftwahl immer einen ganz eigenen Charakter aufweisen.
In diesem Kapitel stelle ich dir einige Stifte vor, mit denen du die Mandalas und Brush Letterings in diesem Buch prima umsetzen kannst.

Bleistift

Zu Beginn eines jeden Mandalas solltest du zum guten alten Bleistift greifen.
Mit dem Bleistift legst du dir das Raster sowie deine Vorzeichnung an, damit dein Mandala schön gleichmäßig gelingt. HB-Bleistifte sind für eine Vorzeichnung grundsätzlich die beste Wahl, denn sie lassen sich zum Schluss wieder gut wegradieren und sie verschmieren auch nicht so leicht, wenn du aus Versehen einmal mit der Hand über die Vorzeich-nung wischen solltest. Ob du nun zu einem Druckbleistift greifst, der prak-tisch ist, denn hier entfällt das lästige Anspitzen und die Strichstärke bleibt gleich fein, oder zu einem herkömm-lichen Holzbleistift, bleibt ganz deinen Vorlieben überlassen.

Brush Pens

Brush Pens sehen auf den ersten Blick wie ganz normale Stifte aus, jedoch ist ihre keilförmige Spitze sehr flexibel. Durch unterschiedliche Druckverteilung beim Schreiben oder Malen erhältst du feine oder breite Striche und kannst so deine Ausführungen mit derselben Spitze variieren.
Grundsätzlich solltest du bei der Wahl deiner Brush Pens überlegen, ob du lieber kleinere oder größere Letterings realisieren möchtest, denn: Je größer die Brush Pen-Spitze ist, umso größer solltest du mit ihm lettern, damit du ein gutes Ergebnis erhältst.

Kleine Brush Pens

Als kleinen Brush Pen bezeichnet man sogenannte Fudenosuke-Stifte. Ihre Spitze ist aus einem Kunst-stoffpolymer gegossen und extrem elastisch. Diese Stifte kannst du wirklich auf jedem Papier benutzen, da sie nicht ausfransen können. Fudenosuke-Stifte gibt es in vielen schönen Farben.

Mittelgroße Brush Pens

Die mittleren Brush Pens haben in der Regel eine Spitze aus einzelnen Fasern. Es handelt sich dabei also um klassische Filzstifte. Diese Sorte Brush Pens wirst du am häufigsten im Fachhandel finden.
Viele dieser Stifte sind Hybridstifte. Das bedeutet, dass sie auf der einen Seite eine Pinselspitze haben und auf der anderen Seite eine feine Filzstiftspitze oder sogar eine Finelinerspitze. Das ist für deine Mandala-Projekte natürlich richtig super! Du kannst mit einem einzigen Stift ein Mandala zeichnen und ein Brush Lettering anfertigen.
Brush Pens mit Faserspitzen solltest du immer auf glatten, gestrichenen Papieren verwenden, da sie auf rauen Papieren schnell ausfransen können.

Große Brush Pens

Brush Pens mit großer Spitze findet man in der Abteilung der Aquarellmarker. Sie unterscheiden sich von den anderen Brush Pens dadurch, dass ihre Farbabgabe wesentlich höher ist. Malt man mit einem Aquarellmarker auf ein normales Blatt Papier, wird sich dieses sofort wellen bzw. die Markerfarbe wird durch das Papier durchschlagen. Im Vergleich zu „normalen" Brush Pens sind die Spitzen der Aquarellmarker viel robuster und für das Malen und Lettern auf Aquarellpapier perfekt geeignet.

Fineliner

Mit diesen Stiften wirst du die meisten deiner Mandalas anfertigen. Fineliner sind in allen Farben des Regenbogens erhältlich. Bei der Wahl deines Fineliners solltest du auf die Strichstärke achten, denn es gibt diese Stifte in Strichstärken von 003 (ultrafein) bis zu 1.2 (dick). Diese Angaben findest du in der Regel auf der Verpackung bzw. auf der Stiftseite. Je feiner und filigraner dein Mandala aussehen soll, desto kleiner sollte die Strichstärke deines Fineliners sein. Falls du dein Mandala mit einem Aquarelleffekt versehen möchtest, solltest du einen wasserfesten Fineliner benutzen. Auch diese Angabe findest du entweder auf der Verpackung oder auf dem Stift selbst.

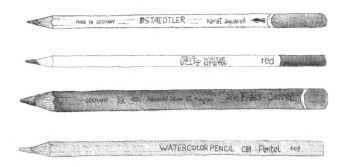

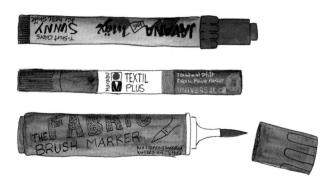

Aquarellbuntstifte

Aquarellbuntstifte sind Buntstifte mit einer sehr weichen Mine. Die Mine dieser Stifte besteht aus wasserlöslichen Pigmenten. Du kannst dein Mandala also wie mit herkömmlichen Buntstiften kolorieren und anschließend mit einem Pinsel die Farbe vermalen, um einen Aquarelleffekt zu erhalten. Je nach Menge der Wasserzugabe wird der Farbton intensiv oder weniger intensiv ausfallen. Für die Aquarellbuntstifte gilt: Aquarellpapier ist hier die richtige Wahl und auch das Gewicht ist wichtig, denn das Papier sollte sich nicht wellen, wenn man einmal mehr Wasser einsetzt. Ich verwende gerne Papiere ab 300 g/m².

Acrylmarker & Gelstifte

Mit Acrylmarkern und Gelstiften kannst du auf weißen und farbigen Papieren leuchtende Mandalas zaubern. Die Farben dieser Stifte decken den Untergrund komplett ab und dein Mandala wird sich toll hervorheben. Diese Stifte gibt es in vielen Farben und Strichbreiten. Gelstifte sind auch mit Glitzereffekt oder in Neonfarben erhältlich. Versuche einmal, ein Mandala hiermit zu gestalten und staune über die Wirkung.

Textilmarker

Auch Stoffmalfarben gibt es in Stiftform. Damit kannst du deine Mandalas auf Shirts, Taschen oder Heimtextilien malen. Wenn du fertig bist, werden die Farben einfach mit dem Bügeleisen fixiert. Es gibt sogar Brush Pen-Textilmarker! Beachte beim Fixieren immer auch die Angaben des jeweiligen Herstellers.

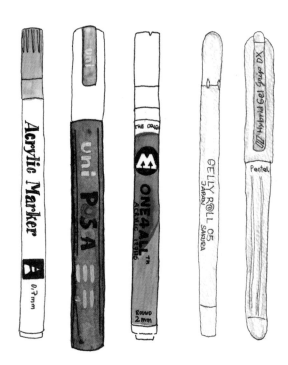

Papier

Die Grundlage für deine Mandalas ist natürlich im wahrsten Sinne des Wortes das Papier. Du kannst im Prinzip jedes Papier hierfür wählen: ein Schulheft, eine Zeitung oder das Papier aus dem Drucker.

Ich empfehle dir jedoch, zu hochwertigerem Papier zu greifen, da Brush Pens mitunter etwas empfindlich auf raues Papier reagieren können. Manche Spitzen der beliebten Pinselstifte sind sehr empfindlich und können leicht ausfransen. Dieser Schaden lässt sich dann auch leider nicht mehr rückgängig machen. Doch auch für raueres Papier gibt es die richtigen Brush Pens.

Da Brush Pens oft viel Farbe abgeben und, wie oben bereits erwähnt, sehr empfindlich sein können, brauchst du für deine Mandalas und Letterings sogenanntes „gestrichenes Papier". Papier für Laserdrucker ist z.B. immer gestrichen. Manchmal steht auf dem Papier auch der englische Begriff „coated". Die Oberfläche von gestrichenem Papier wird nach der Produktion mit einer speziellen Chemikalie behandelt, damit die Papierporen verschlossen werden. Die Farbpigmente bleiben daher genauso auf deinem Papier stehen, wie du sie aufgetragen hast. Die Farbe schlägt nicht durch das Papier durch oder verläuft gar.

Findest du keinen Hinweis auf der Verpackung des Papieres, kannst du auch einfach mit geschlossenen Augen vorsichtig über das Papier streicheln. Es sollte sich ganz zart und glatt anfühlen, dann eignet es sich nämlich hervorragend für deine Projekte!

Im Fachhandel für Künstlerbedarf gibt es unglaublich viele unterschiedliche Papiere. Für deine Mandala- und Handlettering-Kunstwerke eignen sich dabei spezielle Markerpapiere besonders gut. Auch Papiere mit der Bezeichnung „Bristol" sind hervorragend geeignet. Diese Papiere sind meistens etwas teurer, die Anschaffung lohnt sich aber und du tust deinen Brush Pens damit auf jeden Fall einen Gefallen.

Bitte beachte, dass du auf diesen relativ dünnen Papieren nur sehr vorsichtig mit Wasser arbeiten kannst, wenn du Letterings oder Mandalas mit Aquarellstiften oder -farben malen möchtest.

Satinierte Aquarellpapiere ohne Struktur oder glatte Mixed-Media-Papiere sind für den Einsatz von Wasser besser geeignet.

Es muss im Übrigen nicht immer weißes Papier sein! Versuche doch einmal, ein Projekt auf farbigem Papier oder auf Kraftpapier zu realisieren. Der Effekt ist wunderschön und dein Mandala wird zu einem wahren Eyecatcher werden!

Auch auf Stoff lassen sich schöne Mandalas malen. Am besten eignen sich dafür z.B. einfarbige Taschen, Kissen, Geschirrtücher usw. aus Baumwolle.

Weitere Materialien

Zirkel

Für das Entwerfen von Mandalas ist ein Zirkel (fast) unerlässlich. Hiermit zeichnest du dein Raster, in welches du später deine Formen und Muster zeichnest. Neben dem klassischen Zirkel mit Grafitspitze gibt es Adapter, in die du jeden beliebigen Stift einspannen kannst. Das ist dann besonders praktisch, wenn du deine Mandala-Ringe mit einem Fineliner nachziehen möchtest.

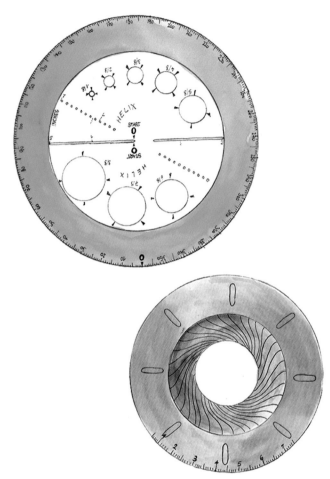

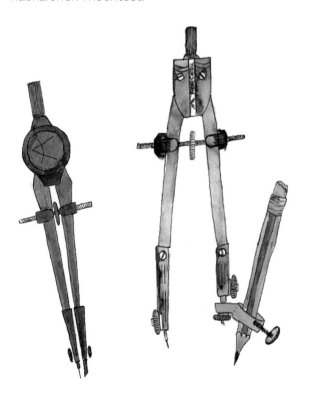

Schablonen

Um gleichmäßige Kreise zu zeichnen, kannst du auch Kreisschablonen oder einen Kreis-Winkelmesser benutzen. Es gibt auch Kreiszeichner, die wie die Blende eines Fotoapparates einzustellen sind. Der Vorteil daran ist, dass du hier jede beliebige Kreisgröße stufenlos einstellen kannst. Der Nachteil ist, dass du diese immer exakt ausrichten musst, da du den Mittelpunkt nicht wie mit einem Zirkel fixierst.

Geodreieck

Mit einem Geodreieck unterteilst du dein Raster in die zu deinem Mandala passenden Kreissegmente und zeichnest Hilfslinien. Die Winkel kannst du hier hervorragend ablesen und einzeichnen.

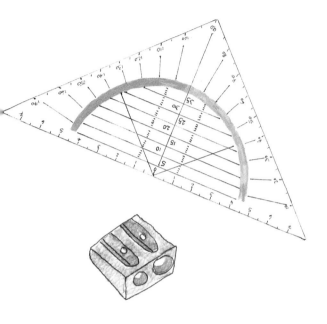

Radiergummi

So wichtig wie die Vorzeichnung deines Rasters für dein Mandala auch ist, man möchte es am Ende nicht mehr sehen. Deswegen solltest du dir einen guten Radiergummi zulegen.
Ich habe die besten Erfahrungen mit weichen Radiergummis aus Kunststoff gemacht.
Praktisch sind auch Radiergummis in Stiftform. Mit diesen kann man schon beim Vorzeichnen eventuell daneben gegangene Linien korrigieren.

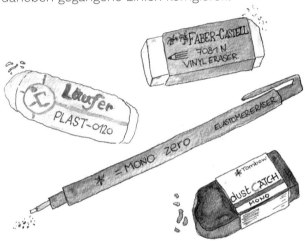

Stoffmalfarbe

Falls du dein Mandala auf eine Farbfläche auf Textilien malen möchtest, kannst du mit Textilfarbe aus dem Gläschen vorab eine Farbfläche auf den Stoff malen. Auch diese wird meistens mit einem Bügeleisen fixiert.

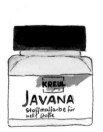

Pinsel

Wenn du ein Mandala mit Aquarelleffekt malen möchtest, solltest du dir einen Pinsel parat legen. Dafür kannst du entweder einen Wassertankpinsel oder einen Aquarellpinsel in kleiner bis mittlerer Größe verwenden.

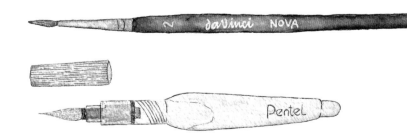

Mandalas malen

Die Herangehensweise bei einem Mandala erfolgt immer auf die gleiche Art und Weise.

Du beginnst damit, mit deinem Zirkel oder deiner Kreisschablone beliebig viele Kreise konzentrisch auf dein Papier zu zeichnen. Achte darauf, dass alle Kreise/Ringe den gleichen Mittelpunkt haben. Mit dem Zirkel ist dies etwas einfacher zu bewerkstelligen als mit einer Schablone. Vergiss bei Schablonen nicht, dir deinen Mittelpunkt entsprechend zu markieren. Hast du die Wunschgröße für dein Mandala erreicht, zeichnest du mit deinem Geodreieck eine senkrechte Linie durch den Mittelpunkt. Zusätzlich zeichnest du jetzt eine waagerechte Linie durch den Mittelpunkt. Achte dabei darauf, dass diese ersten beiden Hilfslinien in einem 90-Grad-Winkel zueinanderstehen. Bis hierhin ist die Vorgehensweise bei jedem Mandala gleich.

Je nachdem, wie detailliert deine Mandala-Zeichnung werden soll, entscheidest du jetzt, wie viele weitere Hilfslinien du einzeichnen möchtest.

Einfache Mandalas erhalten zusätzlich zu den oben genannten Linien Unterteilungen im 45-Grad-Winkel.

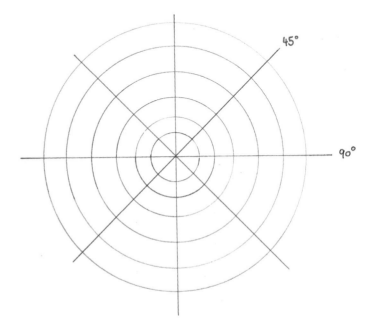

Teilst du diese Flächen noch einmal in der Hälfte, hat nun jeder Kreisabschnitt einen Winkel von 22,5 Grad.

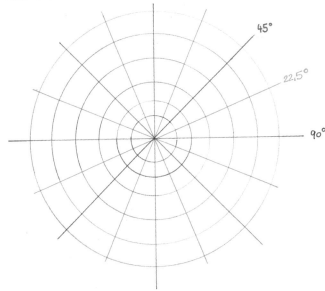

Möchtest du sehr viele kleine Elemente zeichnen, solltest du dein Mandala in Linien mit je 10 Grad Abstand einteilen.

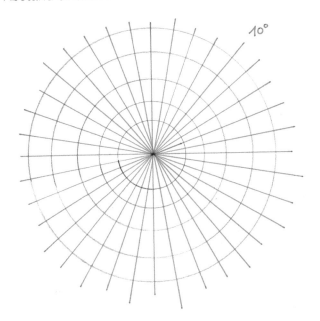

Nun kannst du damit beginnen, dein Mandala vom Zentrum aus mit Formen und Mustern wachsen zu lassen. Damit du im Motivteil die Muster besser erkennen kannst, habe ich alle Vorzeichnung in Schwarz-Weiß angelegt, auch wenn dann das eigentliche Mandala farbig gestaltet wird.

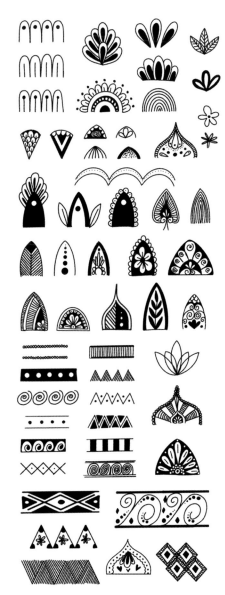

Brush Lettering

Um ein schönes Brush Lettering auf das Papier zu bringen, erfordert es ein wenig Übung. Bitte sei nicht enttäuscht, wenn es nicht auf Anhieb in deinen Augen perfekt wird. Es ist perfekt, weil du es mit deinen Händen gemacht hast.

Zu Beginn solltest du mit Schwungübungen starten, damit du ein Gefühl für den ungewohnten Brush Pen erhältst. Übe regelmäßig, dann wird dir die Handhabung bald nicht mehr so ungewohnt vorkommen.

Die richtige Stifthaltung ist besonders wichtig. Hältst du deinen Stift parallel zur rechten bzw. linken Blattkante, wirst du keinen breiten Abstrich auf das Papier bringen können, da du, wenn du Druck ausübst, nicht die gesamte Breite der Stiftspitze nutzen kannst. Drehst du allerdings den Stift so, dass er parallel zur oberen bzw. unteren Blattkante steht, kannst du die gesamte Breite deiner Spitze nutzen und dein Abstrich wird schön breit ausfallen.

Du solltest darauf achten, dass die Spitze des Stiftes nicht zu steil auf das Papier aufgesetzt wird. Die einzelnen Fasern der Spitze werden durch den Druck zu sehr strapaziert und die Spitze könnte beschädigt werden. Ein Winkel von ca. 45 Grad ist optimal.

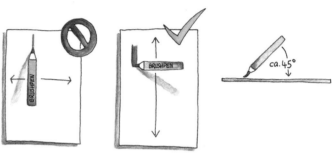

Damit du die für das Brush Lettering typischen unterschiedlichen Strichbreiten schreiben kannst, solltest du bei jeder Linie, die von oben nach unten geschrieben wird, viel Druck auf den Stift ausüben. Schreibst du eine Linie von unten nach oben, übst du keinen Druck auf deinen Stift aus. Achte also bei deinen Übungen auf deine Stifthaltung und versuche, alle Schwünge so langsam wie möglich auszuführen. Auch wenn die Linien am Anfang etwas wackelig erscheinen, wirst du schnell tolle Ergebnisse erzielen.

Aufstrich ↑ kein Druck
Abstrich ↓ viel Druck

Brush Lettering-Buchstaben lassen sich auf sehr viele unterschiedliche Arten schreiben. Es gibt kein Richtig oder Falsch. Nur eins ist wichtig: Lesbar sollten die Buchstaben sein. Wenn du eine Weile mit deinem Brush Pen geübt hast, wirst du deinen eigenen, unverkennbaren Stil entwickeln.

COLORS
are the smiles of
nature

20

Motive

Nachdem du nun alles über das Erstellen von Mandalas und Brush Letterings gelesen hast, wird es Zeit, dass wir uns den Projekten in diesem Buch widmen. Koche dir eine Tasse Tee, Kaffee oder heiße Schokolade, starte deine Lieblings-Playlist und widme dich deinem ersten von hoffentlich vielen weiteren Mandala-Projekten im Motivteil. Ich wünsche dir dabei viel Spaß und viel Entspannung.

Beach Bag

Am Strand sitzen, den Wellen lauschen, die Zehen in den Sand graben, die Sonne genießen ... es gibt kaum etwas Schöneres, oder? Am Strand kann ich immer besonders gut abschalten und entspannen. Ab sofort ist diese maritime Mandala-Beach Bag immer mit dabei. Schon beim Erstellen kannst du dich an deinen Lieblingsstrand träumen, an den du diese hübsche Tasche beim nächsten Mal mitnehmen möchtest.

Du brauchst:

- Zirkel
- Bleistift
- Stofftasche in Weiß
- Geodreieck
- Stoffmalstifte in Dunkelblau, Hellblau, Türkis und Schwarz

So geht's:

1. Lege den Mittelpunkt deines Mandalas oben am Taschenrand fest. Hierfür misst du dir vorab die genaue Mitte aus. Zeichne deine Ringe mit einem Zirkel auf die Tasche. Unterteile dein Raster in 22,5-Grad-Winkel.

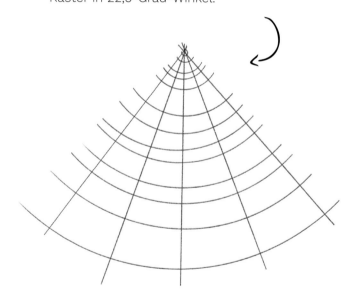

2. Skizziere dein Mandala-Muster mit einem Bleistift vor. Anschließend ziehst du dein Muster mit den Stoffmalstiften in den verschiedenen Farben nach.

3. Wenn die Farben gut getrocknet sind, konturierst du dein Mandala mit dem schwarzen Stoffmalstift.

4. Zeichne mit einem Bleistift das Lettering vor. Sollte dir das nicht auf Anhieb gelingen, ist das nicht weiter schlimm, denn der Bleistift ist nach der ersten Wäsche auf jeden Fall verschwunden.

5. Male deinen Schriftzug mit Stoffmalstiften aus. Ziehe auch beim Schriftzug die Außenlinien mit dem schwarzen Stift nach. Fixiere sowohl dein Mandala als auch dein Lettering nach den Anweisungen auf der Packung deiner Stoffmalstifte.

BeYOUtiful

Dieses Wortspiel aus der englischen Sprache ist so wunderbar. Es passt so gut zum Thema Selbstliebe. Man sollte sich immer bedingungslos selbst lieben, mit allen Ecken und Kanten, denn alle positiven UND negativen Eigenschaften sind es, die uns ausmachen. Nimm dir ein wenig Zeit und fertige dieses Projekt an. Führe dir dabei deine positiven Eigenschaften vor Augen und denke später an die negativen Eigenschaften, denen du bestimmt auch positive Aspekte abgewinnen kannst.

Du brauchst:

- Zirkel
- Bleistift
- Markerpapier
- Geodreieck
- Fineliner in Dunkelblau, Dunkellila, Lila, Pink, Orange, Gelb, Rot
- Brush Pen, klein, in Dunkellila
- Radiergummi

So geht's:

1. Lege dein Raster mit deinem Zirkel an. Mit acht Kreisen in unterschiedlichen Abständen erzielst du bei diesem Mandala spannende Größenunterschiede.
Zeichne jetzt alle Hilfslinien im Abstand von 22,5 Grad ein. Dafür ziehst du die beiden 90-Grad-Linien waagerecht und senkrecht. Zeichne dann die 45-Grad-Linien ein und halbiere die so entstandenen Flächen noch einmal.

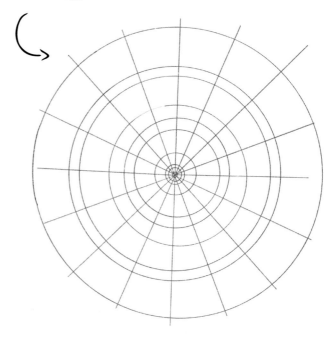

2. Fülle die nun entstandenen Flächen mit floralen und geometrischen Elementen Ring für Ring von innen nach außen. Achte hierbei auf die Farbreihenfolge. Beginne innen mit Rot, wechsle dann zu Gelb, Orange, Pink, Lila und Dunkellila. Beende dein Mandala außen mit Dunkelblau.

Beyoutiful

3. Zeichne mit einem Bleistift das Lettering vor. Mit einem Fineliner in Orange schreibst du die Worte „Be" und „tiful" nach.
Den Schriftzug „you" ziehst du mit einem kleinen Brush Pen nach. Füge jeweils oben und unten zwei Schnörkel in Pink hinzu.

4. Jetzt kannst du zusätzliche Schmuckelemente in Form von Kreisen und Punkten um dein Lettering herum platzieren.
Wenn du zufrieden bist, radiere vorsichtig die Vorzeichnung von deinem Papier.

Turn I wish into I will

Tipp: Du kannst natürlich auch gerne eigene Sprüche kreieren oder diese Alternativen hier verwenden.

be your own reason to smile

Kleine Blume des Lebens

Die Blume des Lebens besteht normalerweise aus 19 Kreisen und wird in vielen ritualisierten Kulthandlungen als Symbol der kosmischen Ordnung eingesetzt. Die Blume des Lebens strahlt Harmonie und Vollkommenheit aus. Das Symbol soll zu mehr Energie verhelfen und kann positive Veränderungen bei negativen Einflüssen bewirken. Für dieses Mandala-Projekt habe ich das Symbol ein wenig verkleinert. Mit nur sieben Kreisen im Innenteil wirkt die kleine Blume des Lebens ebenfalls sehr harmonisch. Für dieses Mandala benötigst du kein Geodreieck. Es wird einzig und allein mit einem Zirkel konstruiert.

Du brauchst:

- Zirkel
- Bleistift
- Aquarellpapier
- Aquarellbuntstifte in Schwarz, Gelb, Orange, Rot, Lila, Hellblau, Grün
- Pinsel
- Radiergummi

So geht's:

1. Mit dem Zirkel ziehst du den äußeren Kreis auf dein Papier. Achte darauf, dass du unterhalb deiner Blume des Lebens noch Platz für dein Lettering hast.
Stelle deinen Zirkel nun so ein, dass du innerhalb deines Kreises einen Kreis mit dem Durchmesser zeichnest, der dem Radius des äußeren Ringes entspricht.

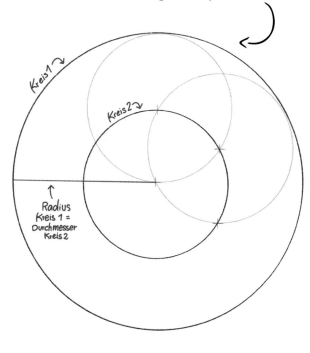

Kreis 1

Kreis 2

Radius Kreis 1 = Durchmesser Kreis 2

2. Platziere nun die Zirkelspitze auf einem beliebigen Punkt im inneren Kreis und zeichne einen weiteren Kreis. Es entstehen zwei Schnittpunkte mit dem inneren Kreis. Um die entstandenen Schnittpunkte ziehst du nun weitere Kreise, bis deine kleine Blume des Lebens vollendet wird.

3. Anschließend malst du die entstandenen Blütenblätter mit deinen Aquarellbuntstiften in Regenbogenfarben aus. Es sieht besonders hübsch aus, wenn du immer zwei Farben in die Blütenblätter setzt, die sich zwei Blumen teilen. Vermale die Pigmente der Stifte mit einem Pinsel und schaffe weiche Übergänge. Die Zwischenräume zwischen den Blüten färbst du schwarz.

4. Zeichne mit einem Bleistift das Lettering vor. Die Kombination aus unterschiedlichen Schriftarten wirkt dabei immer besonders schön. Betone die wichtigen Worte „Things" und „Comfort Zones", indem du die Abstriche dieser Worte etwas breiter zeichnest, um ein Brush Lettering zu imitieren.

5. Ziehe das Lettering mit einem schwarzen Aquarellbuntstift nach und vermale die Farbflächen mit einem feuchten Pinsel. Nachdem alles gut getrocknet ist, kannst du deine Bleistiftskizzen vorsichtig mit einem Radiergummi entfernen.

Choose happy

Selbstgemachte Dinge machen uns auf lange Sicht glücklicher als gekaufte. Diese Dinge sind einzigartig und schöner als jedes Designerstück, welches du im Laden erwerben kannst. Jedes Mal, wenn du zum Beispiel dein selbst gemaltes Mandala anschaust, wirst du dich daran erinnern, wie stolz und glücklich du warst, als du es fertiggestellt hast.

Du brauchst:

- Zirkel
- Bleistift
- Markerpapier
- Geodreieck
- Fineliner in Pink
- Brush Pen, klein, in Schwarz
- Radiergummi

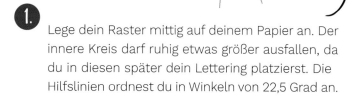

So geht's:

1. Lege dein Raster mittig auf deinem Papier an. Der innere Kreis darf ruhig etwas größer ausfallen, da du in diesen später dein Lettering platzierst. Die Hilfslinien ordnest du in Winkeln von 22,5 Grad an.

2. Beginne mit deinem Muster am inneren Kreis und arbeite dich nach außen vor.

3. Skizziere mit einem Bleistift dein Lettering mittig in den inneren Kreis. Mit einem kleinen schwarzen Brush Pen ziehst du dein Lettering sorgfältig nach.

4. Lasse die Farbe deines Letterings gut trocknen. Danach kannst du deine Vorzeichnung mit einem Radiergummi entfernen.

Bullet Journal

Ein Bullet Journal, kurz BuJo genannt, ist ein selbstgestalteter Kalender, der auf die Bedürfnisse des Nutzers individuell zugeschnitten ist. Jedes BuJo sieht anders aus: Einige sind schlicht, andere sind hübsch gestaltet. Mandalas im BuJo wirken wirklich schön. Ich habe selbst schon einmal in meinem BuJo die Seiten eines ganzen Monats mit Mandalas gestaltet. Beim Malen eines Mandalas hat man genügend Ruhe und Zeit zum Nachdenken über die kommenden Termine und das Planen des Monats.

Du brauchst:

- Zirkel
- Bleistift
- Notizbuch mit Punktraster
- Geodreieck
- Fineliner in Dunkelblau, Hellgrün, Mittelblau, Petrol und Mint
- Brush Pen, mittelgroß, in Petrol
- Gelstift in Weiß
- Radiergummi

So geht's:

1. Auf die linke Seite deines Notizbuches zeichnest du mit dem Bleistift in die Ecke oben links ein Raster mit sechs Ringen und einer Unterteilung in 10-Grad-Schritten. Auf die rechte Seite des Notizbuches zeichnest du unten auf die Mitte der Seite ein Raster mit 45-Grad-Unterteilung.

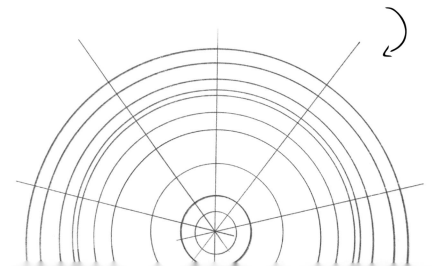

2. Zeichne nun das Muster in die linke obere Ecke der linken Notizbuchseite. Verwende für jeden weiteren Ring und jedes neue Musterelement eine neue Farbe. Zeichne dieses Mandala nicht zu groß, damit du noch Platz für deinen Monatsnamen und die Kalenderdaten hast.

3. Mit einem mittelgroßen Brush Pen in Petrol letterst du nun den Monatsnamen mittig auf die Seite. Verleihe deinem Lettering mit einem weißen Gelstift weiteren Glanz, indem du kleine Lichtpunkte in die Buchstaben malst. Ergänze jetzt mit einem Fineliner in der gleichen Farbe die Wochentage sowie die Kalenderdaten für diesen Monat.

September

4. Zeichne nun auf der rechten Notizbuchseite das Muster in dein Raster. Verwende auch hier für jeden weiteren Ring und jedes neue Musterelement eine neue Farbe.

5. Lettere oben auf die Seite die Wörter „to do" und ergänze kleine Kreise im Abstand von zwei bis drei Kästchen deines Punktrasters. Entferne anschließend deine Bleistift-Vorzeichnung mit einem Radiergummi.

Nun hast du eine schöne Monatsübersicht sowie eine To Do-Liste für diesen Monat.

September

MO	DI	MI	DO	FR	SA	SO
			1	2	3	4
5	6	7	8	9	10	11
12	13	14	15	16	17	18
19	20	21	22	23	24	25
26	27	28	29	30		

to do

Butterfly

Ganz allgemein steht das Schmetterlings-Motiv für die Themen Wiedergeburt, Metamorphose oder auch Veränderung. Zuerst ist der Schmetterling nur eine kleine unscheinbare Raupe. Hat er sich einmal verpuppt, beginnt die Veränderung und er schlüpft als zumeist farbenfrohes, fliegendes Insekt. Wir selbst können durch unser Tun und Handeln ebenfalls Veränderungen herbeiführen, seien diese auch noch so klein. Dieses farbenfrohe Motiv soll seinen Betrachter dazu einladen, die Gedanken schweifen zu lassen und darüber nachzudenken, welche Art der Veränderung er selbst vielleicht herbeiführen könnte und möchte.

Du brauchst:

- **Zirkel**
- **Bleistift**
- **Markerpapier**
- **Geodreieck**
- **Acrylstifte in Apricot, Hellblau, Dunkelblau, Violett, Helllila, Schwarz, Rosa, Pink, Gelb, Petrol, Mint und Weiß**
- **Brush Pen, klein, in Pink**
- **Gelstift in Weiß**
- **Radiergummi**

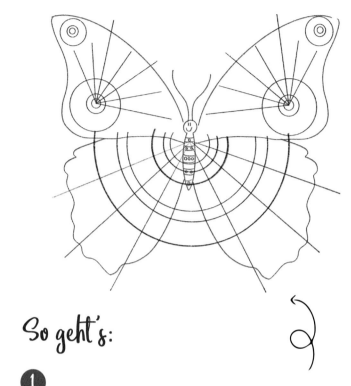

So geht's:

1.
Zeichne mit Bleistift die Umrisse eines Schmetterlings mit großen, zweiteiligen Flügeln auf dein Papier. Innerhalb des Körpers kannst du schon eine Vorzeichnung für das spätere Muster anlegen.
Der untere Teil des Schmetterlings ist von einem großen Mandala bedeckt. Ziehe so viele Ringe, bis alle Bereiche der Flügel gefüllt sind. Du brauchst die Ringe nicht ganz durchzuziehen, da ja nur die Flügel des Schmetterlings mit dem Muster gefüllt werden. Unterteile dein Raster in 22,5 Grad große Bereiche. Im oberen Bereich der Flügel zeichnest du jeweils einen kleineren und unten einen etwas größeren Kreis. Da das Muster oben nicht so detailliert ausfällt, kannst du hier die Linien einzeichnen, ohne die Winkel abzumessen.

2. Male nun dein Muster in vielen bunten Farben in die beiden oberen Flügelteile. Besonders hübsch sieht es aus, wenn du auf größere Farbpunkte noch kleinere in einer anderen Farbe auftupfst. Sobald die Farbe getrocknet ist, funktioniert das ganz einfach.

3. Nachdem der obere Teil getrocknet ist, kannst du dich dem unteren Bereich der Flügel widmen und diese genauso mit den Acrylmarkern ausmalen. Wechsle so oft wie möglich die Farben, damit der Schmetterling schön bunt wird.

become THE Change

4. Mit einem kleinen Brush Pen letterst du zum Schluss deinen Spruch auf das Papier und akzentuierst diesen mit kleinen Lichtpunkten. Dafür kannst du entweder deinen weißen Acrylstift oder einen weißen Gelstift benutzen. Radiere vorsichtig über dein Bild, um die Vorzeichnungen zu entfernen.

Tipp: Solltest du keine Acrylstifte zur Hand haben, kannst du den Schmetterling natürlich auch mit einem Fineliner oder einem weißen Gelstift auf einen farbigen Hintergrund malen.

Chill Zone & Relax

Metime heißt die Zeit, die man nur für sich selbst reserviert. Egal ob kreatives Arbeiten, Lesen oder einfach nur gemütlich in der Sonne sitzen und Kaffee oder Tee trinken. Chillen und Relaxen lässt es sich besonders gut an einem kuscheligen Plätzchen. Diesen Ort für die Metime zieren ab sofort diese beiden kuscheligen Mandala-Kissen.

Du brauchst:

- Zirkel
- Bleistift
- Pappe
- 2 Kissenbezüge in Weiß
- Geodreieck
- Stoffmalfarben in Gelb und Pink
- Stoffmalstift in Schwarz

So geht's:

1. Verdünne deine Stoffmalfarben mit Wasser und feuchte den Stoff mit einem Schwamm an. Die Farbe tupfst du anschließend auf den feuchten Stoff. So entsteht ein hübscher Aquarelleffekt als Hintergrund für die Mandalas und die Letterings. Lege ein Stück Pappe in die Kissenbezüge, damit die Farbe sich nicht auf die Rückseite überträgt.

2. Zeichne mit einem Zirkel und einem Bleistift die Raster für deine Mandalas auf die Kissenbezüge. Die Hilfslinien legst du im 45-Grad-Winkel an. Skizziere nun noch das Mandala-Muster.

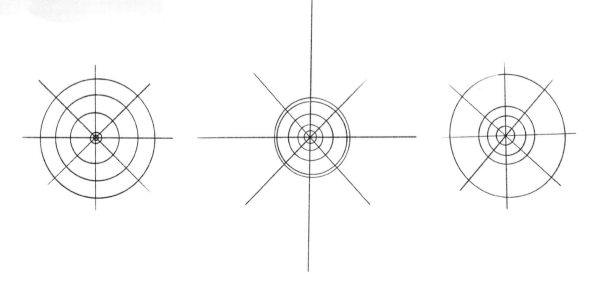

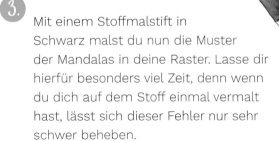

3. Mit einem Stoffmalstift in Schwarz malst du nun die Muster der Mandalas in deine Raster. Lasse dir hierfür besonders viel Zeit, denn wenn du dich auf dem Stoff einmal vermalt hast, lässt sich dieser Fehler nur sehr schwer beheben.

4. Skizziere mit einem Bleistift die Letterings auf die beiden Kissen. Sollte dir ein Schriftzug nicht gefallen, kannst du ihn ein wenig wegradieren und korrigieren.

5. Male deine Letterings mit dem Stoffmalstift nach. Auch hier solltest du die Rückseite deines Kissens schützen, indem du ein Stück Pappe in deinen Bezug legst. Fixiere deine Stoffmalfarben mit einem Bügeleisen. Beachte hierbei die Anweisungen auf der Verpackung. Deine Bleistift-Vorzeichnung wird nach der ersten Wäsche komplett verschwunden sein.

Create!

Die Kreativität ist aus meinem Leben nicht mehr wegzudenken. Es macht mich unfassbar glücklich, Dinge von Hand entstehen zu lassen. Beim Lettern, Malen oder Mandala-Zeichnen versinke ich im Flow ... Mein Gehirn ist beschäftigt und stressige Gedanken haben keinen Platz in meinem Kopf.

Du brauchst:

- Zirkel
- Bleistift
- Kleines Stifte- oder Kosmetikmäppchen in Grau
- Geodreieck
- Stoffmalstifte in Pink, Schwarz und Weiß
- Radiergummi

So geht's:

1.
Mit dem Stoffmalstift in Pink malst du zu Beginn eine Ecke des Mäppchens an. Diesen Kreis habe ich nicht mit dem Zirkel vorgezeichnet, da die Farbfläche ruhig etwas lockerer ausfallen kann. Lasse die Farbe gut trocknen.

2.
Das Zentrum deines Mandalas platzierst du in der oberen linken Ecke. Zeichne dein Raster mit dem Zirkel vor und platziere die Hilfslinien in Abständen von 22,5 Grad.

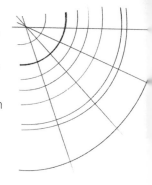

3.
Mit einem schwarzen Stoffmalstift zeichnest du nun Ring für Ring dein Muster auf deine Hilfslinien.

4.
Skizziere mit dem Bleistift ein Lettering und ziehe es mit deinen Stoffmalstiften sorgfältig nach. Um Farbspritzer anzudeuten, kannst du wild verteilt ein paar Punkte in unterschiedlichen Größen auf deinem Mäppchen verteilen.

5.
Fixiere deine Stoffmalfarbe mit dem Bügeleisen. Achte dabei auf die Anweisungen des Herstellers. Die Bleistiftvorzeichnung ist nach der ersten Wäsche verschwunden.

Einzigartig

Wenn wir alle gleich wären, wäre das Leben furchtbar langweilig. Wären wir alle perfekt, wäre das wohl genauso. Deswegen sollten wir immer froh über unsere Einzigartigkeit sein. Diese hübsche Karte lebt von zwei ange- schnittenen Mandalas und dem Spruch als Blickfang in der Mitte.

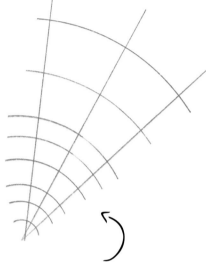

Du brauchst:

- Zirkel
- Bleistift
- Faltkarte, farbig
- Geodreieck
- Fineliner in Schwarz
- Brush Pen, klein, in Schwarz
- Radiergummi

So geht's:

1. Beginne mit dem Mandala in der rechten unteren Ecke. Lege dein Raster an und zeichne dir Hilfslinien mit Winkeln von 22,5 Grad.

2. Zeichne dein Mandala-Muster sorgfältig Ring für Ring mit deinem Fineliner.

3. Den Mittelpunkt des rechten Mandalas setzt du exakt mittig auf die Kante der Karte. Zeichne dein Raster ebenfalls mit Hilfslinien mit Abständen von 22,5 Grad.

4. Dein Muster zeichnest du nun mit deinem Fineliner in dein Raster. Beide Raster kannst du nun, nachdem die Farbe des Fineliners getrocknet ist, mit dem Radiergummi entfernen.

5. Mit einem kleinen schwarzen Brush Pen schreibst du nun deinen Brush Lettering-Spruch mittig auf die Karte. Natürlich kannst du dir vorher eine Skizze mit Bleistift anlegen, wenn du noch unsicher bist.

Einzigartig ist besser als perfekt

perfectly imperfect

Tipp: Diese Karte kannst du mit jedem schönen Spruch oder z. B. auch mit Glückwünschen verschicken. Diese drei Sprüche hier gefallen mir besonders gut.

done is better than perfect

einfach machen, könnte ja gut werden

Flowers

Blumen, egal ob im Garten oder in der Vase, wirken durch ihre Farbenpracht und das satte Grün immer beruhigend und positiv auf den Menschen. Gezeichnete Blumen in Mandala-Form sind sehr beliebte Motive. Dieses Blumen-Mandala wirkt auf den ersten Blick sehr kompliziert, ist aber wirklich sehr einfach zu zeichnen.

Du brauchst:

- Zirkel
- Bleistift
- Markerpapier
- Geodreieck
- Fineliner in Hellrosa, Dunkelrosa, Apricot und Pink
- Brush Pen, klein, in Rosa
- Radiergummi

So geht's:

1. Für dieses Blumen-Mandala legst du mit deinem Zirkel ein einfaches Raster mit Hilfslinien im 45-Grad-Winkel an.

2. Das Hauptmuster dieses Mandalas besteht nur aus vier großen und vier kleinen Blütenblättern bzw. Blattformen. In diese zeichnest du weitere florale Muster.

3. Das Grundgerüst des Mandalas ist
schon fertig. Dieses Mandala lebt durch
die asymmetrisch hinzugefügten Ranken,
Blätter und Blüten, die du anschließend
einzeichnest.

4. Mit einem Bleistift skizzierst du nun das Layout für dein Lettering. Achte darauf, dass die Zwischenräume zwischen den einzelnen Worten nicht zu groß sind.

5. Nun schreibst du das Lettering mit deinem kleinen Brush Pen sorgfältig nach. Mit einem Fineliner in Pink setzt du anschließend noch Akzente. Platziere diese immer links von jeder geschriebenen Linie.

Where flowers bloom, so does hope

Garden

Ein Garten ist wunderbar dafür geeignet, um Stress abzubauen. Mit den Händen in der Erde zu graben erdet und entschleunigt gleichermaßen. Säen, pikieren, pflanzen. Wenn dann die Blumen und Pflanzen gedeihen und wachsen und man ihnen dabei zusehen kann, dann bedeutet das für mich das pure Glück. Vielleicht geht es dir ähnlich? Wer keinen Garten hat, der kann natürlich auch auf einem kleinen Balkon mit Kübeln oder der Fensterbank das gleiche Glück erfahren. Ein Mandala für alle Gartenfans und die, die es noch werden wollen, habe ich in diesem Projekt für dich erstellt.

Du brauchst:

- Zirkel
- Bleistift
- Markerpapier
- Geodreieck
- Fineliner in Rosa, Pink, Lila, Dunkelblau, Petrol, Hellblau und Orange
- Brush Pen, klein, in Rot
- Radiergummi

So geht's:

1. Zeichne dir den Spruch mit deinem Bleistift mittig auf dem Blatt vor. Oberhalb und unterhalb deines Letterings ziehst du nun zwei gerade, parallele Linien mit dem Bleistift.

To plant a garden is to believe in tomorrow

2. Dieses Mandala besteht aus zwei exakten, spiegelgleichen Mandala-hälften. Zeichne dir hierfür dein Raster vor und teile die Ringe in 45-Grad-Winkel ein.

3. Zeichne zuerst das florale Muster des oberen Mandalas. Hast du dieses fertiggestellt, drehst du dein Blatt und zeichnest das gleiche Mandala noch einmal.

To plant a garden is to believe in tomorrow ♥

4. Mit einem kleinen Brush Pen kannst du anschließend dein Lettering nachziehen.

5. Radiere deine Vorzeichnungen vorsichtig mit einem Radiergummi aus.

Tipp: Du kannst natürlich auch gerne eigene Sprüche kreieren oder diese Alternativen hier verwenden.

Blumen sind das Lächeln der Erde ♥

Happiness blooms from within ♥

To plant a garden
is to believe in
tomorrow

Katze

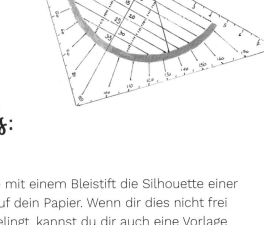

Forscher haben herausgefunden, dass Katzen den Stresspegel ihrer Besitzer senken. Durch das Streicheln einer Katze werden vermehrt Glückshormone ausgeschüttet und man fühlt sich weniger gestresst. Das beruhigende Schnurren einer Katze verstärkt den Entspannungseffekt noch mehr. Okay, sie sind oft auch sehr eigensinnig... Aber immerhin fühlen wir uns nie alleine, wenn wir mit einer Katze zusammenleben.

So geht's:

1. Zeichne mit einem Bleistift die Silhouette einer Katze auf dein Papier. Wenn dir dies nicht frei Hand gelingt, kannst du dir auch eine Vorlage aus dem Internet ausdrucken und die Silhouette einfach abpausen.

Du brauchst:

- Zirkel
- Bleistift
- Markerpapier
- Geodreieck
- Fineliner in Schwarz
- Brush Pen, klein, in Schwarz
- Radiergummi

2. Mit deinem Zirkel und deinem Geodreieck legst du nun dein Raster an. Der Mittelpunkt deines Mandalas kann beliebig innerhalb des Katzenumrisses platziert werden. Ich habe mich für die Mitte entschieden. Ziehe die Kreise ruhig komplett über die gesamte Silhouette. Die Hilfslinien zeichnest du in 45-Grad-Winkeln ein.

3. Beginne, dein Mandala vom Zentrum aus zu füllen. Achte dabei darauf, nicht über den Umriss der Katze hinaus zu zeichnen, damit du hinterher saubere Konturen hast.

Wer eine Katze hat, braucht das Alleinsein nicht zu fürchten.

4. Mit einem kleinen schwarzen Brush Pen platzierst du nun dein Lettering neben deiner Katze.

5. Entferne deine Rastervorzeichnung nun sehr vorsichtig mit einem Radiergummi. Am besten gelingt das, wenn du immer nur in eine Richtung radierst. So vermeidest du unliebsame Knicke im Papier.

FABER-CASTELL
7081 N
VINYL ERASER

Tipp: Du kannst natürlich auch gerne eigene Sprüche kreieren oder diese Alternativen hier verwenden.

what greater gift than the love of a cat

– CHARLES DICKENS –

Gott schuf die Katze, damit der Mensch einen Tiger zum Streicheln hat.

Wer eine Katze
hat, braucht das
Alleinsein
nicht zu
fürchten.

Mood Tracker

Mood Tracking ist eine positive Technik zur Verbesserung der psychischen Gesundheit, bei der man seine Stimmung jeden Abend aufzeichnet, um zu erkennen, wie sich die eigene Stimmung über einen gewissen Zeitraum verhält. Diese Technik dient der Selbstreflexion. Zeichnest du deine Stimmung jeden Tag auf, hast du am Ende eines Monats ein klares Bild von deinen Stimmungen und kannst aktiv daran arbeiten. Einen Mood Tracker kannst du in deinem Bullet Journal, in deinem Tagebuch oder auf einem einfachen Blatt Papier anlegen, welches du auf deinen Nachttisch legst. Denke nur immer daran, den Mood Tracker jeden Tag mit der entsprechenden Stimmungsfarbe zu füllen.

Du brauchst:

- Zirkel
- Bleistift
- Notizbuch, Tagebuch oder Markerpapier
- Geodreieck
- Fineliner in Schwarz
- Brush Pens, mittel, in Dunkelorange, Gelb und Braun

So geht's:

1. Lege dir mit dem Zirkel und Geodreieck dein Raster an. Die Ringe haben alle den gleichen Abstand. Die Hilfslinien ordnest du in 45-Grad-Winkeln an. Wähle keine zu kleinen Ringe, da du die Felder anmalen möchtest.

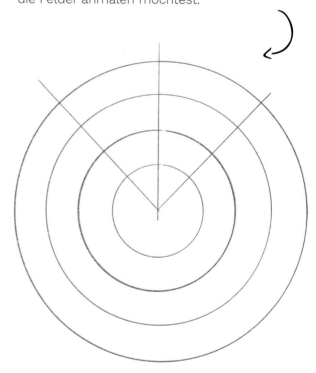

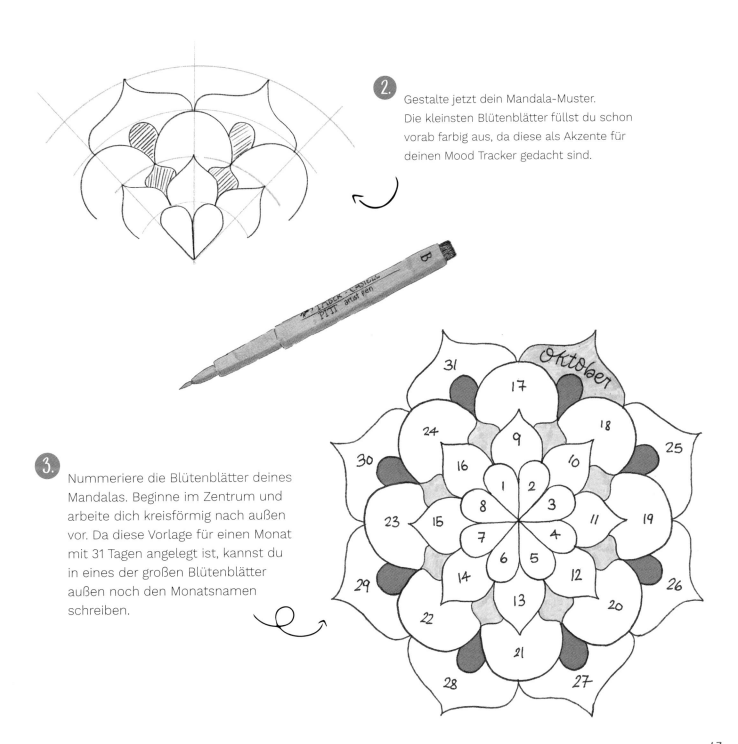

2. Gestalte jetzt dein Mandala-Muster. Die kleinsten Blütenblätter füllst du schon vorab farbig aus, da diese als Akzente für deinen Mood Tracker gedacht sind.

3. Nummeriere die Blütenblätter deines Mandalas. Beginne im Zentrum und arbeite dich kreisförmig nach außen vor. Da diese Vorlage für einen Monat mit 31 Tagen angelegt ist, kannst du in eines der großen Blütenblätter außen noch den Monatsnamen schreiben.

4. Mit deinem mittelgroßen Brush Pen schreibst du nun die Überschrift über deinen Tracker. Akzente setzt du, indem du mit einem schwarzen Fineliner links an jede geschriebene Linie einen Strich als Schatten setzt.

5. Zum Schluss legst du die Legende für deinen Mood Tracker an. Natürlich kannst du auch mehr Stimmungen als ich verwenden. Wähle für jede Stimmung eine andere Farbe. Entferne zum Abschluss deine Bleistiftskizze mit einem weichen Radiergummi.

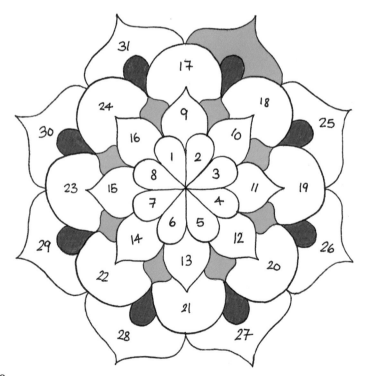

> **Tipp:** Für einen Mood Tracker kannst du natürlich auch andere Farben verwenden. Du kannst auch noch weitere Stimmungen hinzufügen, dann wird dein Mandala noch bunter.

Das Leben ist zu kurz ...

Wir sollten viel öfter unsere Vorsätze sofort in die Tat umsetzen, anstatt sie immer auf die lange Bank zu schieben. Als kleine Erinnerung daran habe ich diesen schönen Spruch mit einem Mandala kombiniert. Bei der Erstellung könntest du ja darüber nachdenken, wozu du schon oft „irgend-wann" gesagt hast und dabei Pläne schmieden, es zeitnah wahr werden zu lassen.

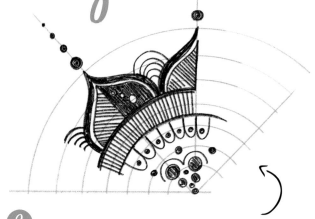

Du brauchst:

- Zirkel, Geodreieck
- Bleistift
- Papier in Schwarz
- Gelstift in Hellblau
- Radiergummi

So geht's:

1.
Zeichne mit deinem Zirkel sieben Ringe auf dein Papier. Nachdem du den letzten Kreis gezeich-net hast, stichst du den Zirkel auf der äußeren Kreislinie unterhalb deines Mittelpunktes ein und ziehst einen Halbkreis in deine Vorzeich-nung. Die Kreislinien unterhalb dieses Halbkrei-ses kannst du schon wegradieren. Zeichne dir nun deine Hilfslinien im 45-Grad-Winkel ein.

2.
Beginne nun, mit dem Gelstift dein Mandala-Muster in dein Raster zu zeichnen.

3.
Zeichne mit einem Bleistift dein Lettering unterhalb des Mandalas in die Aussparung des Kreises.

DAS Leben IST ZU KURZ FÜR irgendwann

4.
Ziehe das Lettering sorgfältig mit deinem Gelstift nach. Wenn der Gelstift gut getrocknet ist, kannst du deine Vorzeichnung vorsichtig wegradieren.

DAS

Leben

IST ZU KURZ FÜR

irgendwann

Punkte

Den Moment leben und genießen: Diese Einstellung ist tief verankert, wenn man sich mit dem Thema Achtsamkeit auseinandersetzt. Das Leben genießen hängt eng mit der Freude am Augenblick zusammen. Es bedeutet auch, dass man das Gedankenkarussell einmal anhält und ganz bewusst den Moment wahrnimmt. Versuche, bewusst ein- und auszuatmen, und fokussiere dich ganz auf deine Atmung. Das wird dir helfen, deine Umgebung besser wahrzunehmen und im Hier und Jetzt anzukommen. Diese Atemübung kannst du auch prima beim Malen des Mandalas selbst anwenden. Dieses Mandala besteht nur aus Punkten in unterschiedlichen Größen.

Du brauchst:

- Zirkel
- Bleistift
- Markerpapier
- Geodreieck
- Acrylmarker in Gelbgrün, Petrol, Türkis, Weiß und Hellgrün
- Brush Pens, mittelgroß, in Türkis und Petrol
- Pinsel oder Blending Pen

So geht's:

1. Mit deinem Zirkel und dem Geodreieck legst du deine Vorzeichnung an. Die Hilfslinien zeichnest du in 45-Grad-Winkeln ein und unterteilst diese noch einmal hälftig in 22,5-Grad-Winkel.

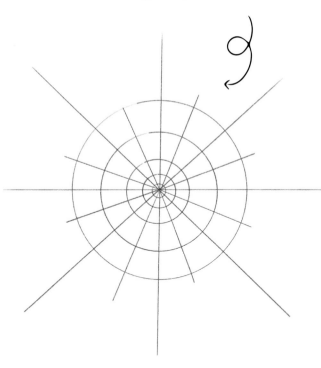

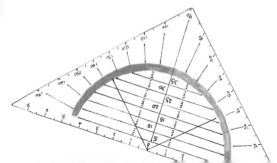

2. Zeichne dir nun die „Blütenblätter" vor. Das Muster dieses Mandalas besteht nur aus Punkten. Beginne im Zentrum und arbeite dich Ring für Ring nach außen vor. Die Punkte können unterschiedliche Größen haben, versetzt angeordnet werden oder auch in Schlangenlinien. Wechsle häufig die Farbe und tupfe auch in größere Punkte noch weitere Pünktchen in anderen Farben hinein.

all we have is now

3.

Mit einem mittelgroßen Brush Pen in Türkis letterst du nun sorgfältig deinen Spruch neben das Mandala.

all we have is now

4.

Mit dem mittelgroßen Brush Pen in Petrol setzt du oben dunkle Farbflächen auf die Buchstaben.

all we have is now

5.

Nun kannst du mit einem leicht angefeuchteten Pinsel oder einem Blending Pen die dunklen Pigmente in die helleren Flächen der Buchstaben ziehen. Schaffe dabei weiche Übergänge.

Rainbow

Der Regenbogen gilt als eines der schönsten Natur-
schauspiele. Er entsteht, wenn die Sonne während
eines Regenschauers auf eine Regenwand strahlt.
Jeder einzelne Regentropfen hat die Funktion eines
Prismas, in welchem sich das Licht bricht.
Die Erscheinung des Regenbogens am Himmel
spricht jeden Menschen an. Er gilt als Symbol
für Harmonie, Ganzheitlichkeit oder als Zeichen
der Verbindung zwischen Himmel und Erde.
Ein Regenbogen strahlt in allen Farben des
Lichtspektrums. Auch als Mandala kann man die
Regenbogenfarben wunderbar zu Papier bringen.

Du brauchst:

- Zirkel
- Bleistift
- Aquarellpapier
- Geodreieck
- Aquarellmarker in Violett, Blau,
  Grün, Gelb, Orange und Rot
- Pinsel
- Radiergummi

Rainbow is my favorite color

So geht's:

1.
Markiere die Mitte deines Blattes am unteren
Rand des Aquarellpapiers. Zeichne nun dein
Raster mit dem Zirkel vor. Die Hilfslinien ordnest
du in Abständen von 45 Grad an.
Mit einem Bleistift kannst du nun die Formen
der Blütenblätter in dein Raster einzeichnen.

2.
Beginne nun damit, dein Mandala mit Farbe zu
füllen. Feuchte dazu zuerst die Blütenblätter
mit viel Wasser an. Tupfe anschließend mit dem
Aquarellmarker die Farbe in das Blütenblatt.
Wenn du ein Blütenblatt mit zwei Farben füllen
möchtest, tupfst du nur außen und innen die
Farbe in das Blütenblatt. Die Farben mischen
sich durch das Wasser auf dem Aquarellpapier
von alleine.

3.
Mit dem Aquarellmarker in Dunkelblau letterst
du nun den Spruch im Halbkreis über den
Regenbogen.

4.
Ziehe mit einem feuchten Pinsel noch ein-
mal alle Buchstaben nach, um einen schönen
Aquarelleffekt zu erzielen.
Wenn alles gut getrocknet ist, kannst du deine
Vorzeichnung vorsichtig wegradieren.

Sei einzig, nicht artig!

Schon Astrid Lindgren meinte: „Freiheit bedeutet, dass man nicht unbedingt alles so machen muss wie andere Menschen." Warum also nicht mal ausbrechen aus den Routinen und wirklich das tun, was man möchte? Mich regt dieser Spruch oft zum Nachdenken an und manchmal mache ich auch ganz verrückte Sachen …

Du brauchst:

- Zirkel
- Bleistift
- Markerpapier
- Fineliner in Schwarz
- Brush Pen, klein, in Schwarz
- Radiergummi

So geht's:

1. Das Grundgerüst für diese Mandala-Vorzeichnung hat keine Hilfslinien. Du konstruierst es nur mit deinem Zirkel. Ziehe einen Kreis in beliebiger Größe auf dein Papier. Stich nun an einer beliebigen Stelle auf dem Kreis deinen Zirkel erneut ein und ziehe einen weiteren Kreis mit gleichem Radius. Es entstehen zwei Schnittpunkte. Stich den Zirkel nun dort ein und ziehe weiter Kreise, bis du eine komplette Blumenform konstruiert hast.

2. Ziehe nun die Konturen aller zuvor gezogenen Kreise mit einem Fineliner nach. In die entstandenen „Blütenblätter" ziehst du nun noch ein paar kleine Bögen mit dem Zirkel und zeichnest Hilfslinien mit ca. 30 Grad Abstand ein.

3. Mit deinem Fineliner kannst du nun jedes Blütenblatt einzeln mit deinem Muster füllen. Male nicht bis an die Hauptlinien der Kreise, sondern beende dein Muster immer ein wenig vor der Linie.

4. Arbeite dich nun von Kreis zu Kreis immer in der gleichen Reihenfolge vor, bis du dein Mandala beendet hast. Durch die Abstände zu den Hauptlinien der Rasterkreise wirkt dieses Mandala besonders schön. Entferne die Bleistift-Vorzeichnungen vorsichtig mit deinem Radiergummi.

5. Mit dem Brush Pen letterst du abschließend deinen Spruch neben dein Mandala. Kombiniere ein klassisches Brush Lettering mit geschwungenen Buchstaben und einer Druckschrift. Setze als Akzente kleine Punkte an dein Lettering.

SEI. einzig NICHT artig!

SEI.
einzig,
NICHT
artig!

Smiles

Lächeln steht dir!

Hast du heute schon gelächelt? Über etwas oder für jemanden? Ganz egal, denn ein Lächeln fühlt sich nicht nur für dich super an, sondern auch für dein Gegenüber. Außerdem ist ein Lächeln das Schönste, was man tragen kann, denn ein Lächeln kommt nie aus der Mode.

Du brauchst:

- Zirkel
- Bleistift
- Markerpapier
- Geodreieck
- Fineliner in Pink
- Brush Pen, klein, in Rosa
- Radiergummi

So geht's:

1. Konstruiere dein Mandala mit deinem Zirkel und dem Geodreieck. Die Hilfslinien zeichnest du im Abstand von 22,5 Grad ein.

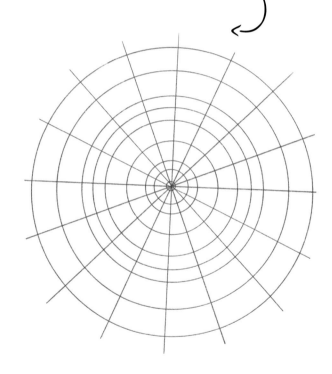

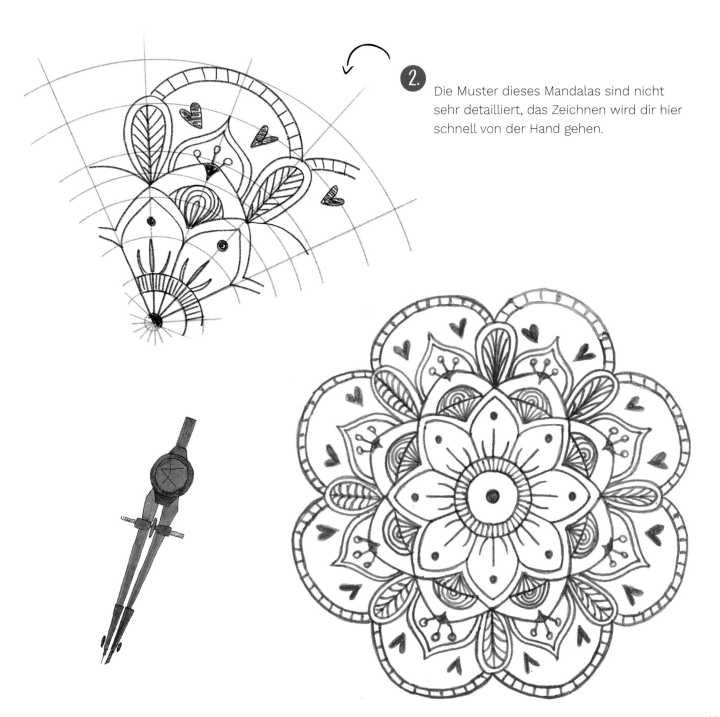

2. Die Muster dieses Mandalas sind nicht sehr detailliert, das Zeichnen wird dir hier schnell von der Hand gehen.

3. Lege mit einem Bleistift nun eine Skizze für dein Lettering an. Du kannst jetzt deine Skizze mit dem Fineliner ausmalen.

4. Sofern du keine Skizze für dein Lettering benötigst, schreibst du mit dem Brush Pen den Spruch direkt neben das Mandala.

5. Es gibt so viele tolle Sprüche zum Thema „Lächeln" oder „Smile". Gestalte dieses Mandala doch auch einmal mit folgenden Sprüchen: „Lächeln steht dir" oder „Never forget to smile".

Things Change

Unsere innere Einstellung trägt viel dazu bei, ob wir uns glücklich fühlen. Eine positive Grundeinstellung erleichtert uns das Leben. Deshalb sollte man immer an sich und seiner Einstellung arbeiten, reflektieren und positiv nach vorne sehen. Durch diese positive Einstellung ändert sich auch unser Umfeld. Wir strahlen Harmonie, Ruhe und Gelassenheit aus und das überträgt sich auch positiv auf die Menschen um uns herum.

Du brauchst:

- Zirkel
- Bleistift
- Markerpapier
- Geodreieck
- Fineliner in Schwarz
- Brush Pen, klein, in Schwarz
- Radiergummi

So geht's:

1. Für dieses Projekt benötigst du zwei Raster. Beginne mit dem Raster für das Mandala rechts unten und unterteile deine Kreise in 22,5-Grad-Winkel.

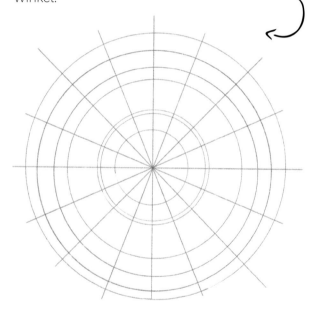

2. Zeichne mit dem schwarzen Fineliner
das Muster auf deine Vorzeichnung.
Das Mandala wird wahrscheinlich
nicht ganz auf das Papier passen.
Gerade dieser Anschnitt macht dein
Projekt aber spannend.

3.

Das Raster für das Mandala oben links hat weniger Kreise, jedoch auch Winkel im Abstand von 22,5 Grad.

4.

Da der Weißanteil bei diesem Projekt größer ist, wirst du es recht schnell fertig haben. Radiere anschließend die Vorzeichnungen deiner Mandalas vorsichtig weg.

5.

Mit dem kleinen schwarzen Brush Pen platzierst du nun das Lettering zwischen den beiden Mandalas. Damit es gerade platziert wird, kannst du dir gerne leichte Linien vorzeichnen.

when things change inside you, things change around you.

When things change
inside you,
things change around
you.

Weekly

Weekly nennt man eine Wochenübersicht auf zwei Seiten in einem Kalender. Bullet Journals erfreuen sich wachsender Beliebtheit. Wie wäre es, wenn du dir deinen Kalender einmal selbst gestaltest. Mit Mandalas sehen deine Wochen-übersichten auch noch richtig schön aus und schon das Erstellen bedeutet Entspannung pur!

Du brauchst:

- Zirkel
- Bleistift
- Notizbuch mit Punktraster
- Geodreieck
- Fineliner in Lieblingsfarben
- Radiergummi

So geht's:

1. Beginne mit der linken Seite deines Notizbuches und lege drei Raster an. Diese unterteilst du in 10-Grad-Winkel.

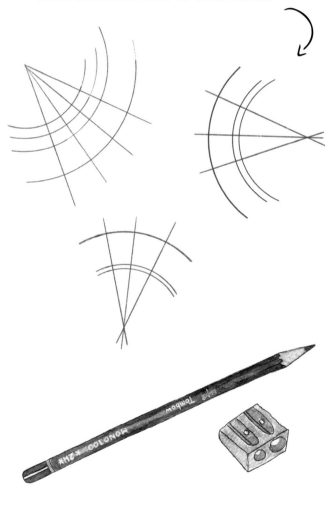

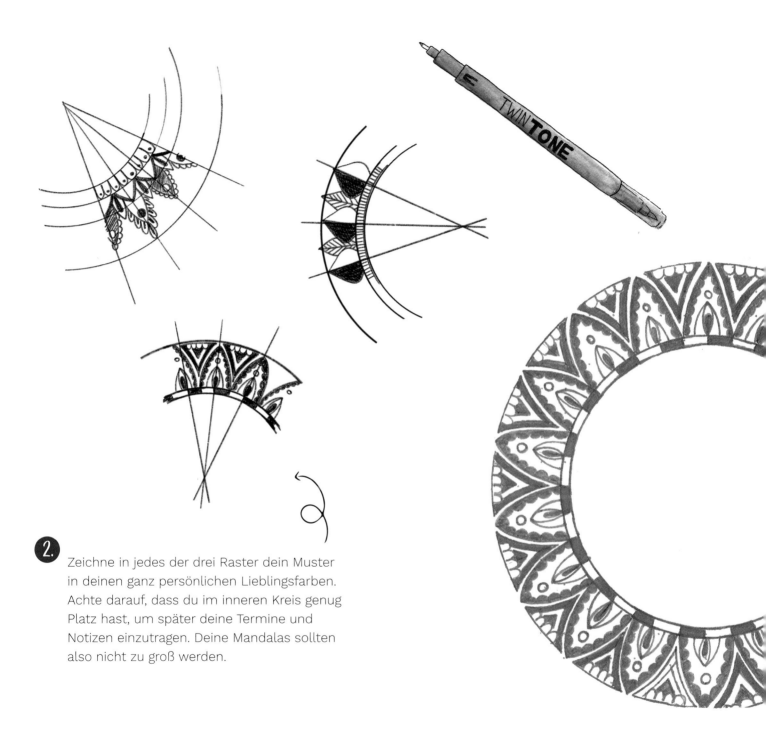

2. Zeichne in jedes der drei Raster dein Muster in deinen ganz persönlichen Lieblingsfarben. Achte darauf, dass du im inneren Kreis genug Platz hast, um später deine Termine und Notizen einzutragen. Deine Mandalas sollten also nicht zu groß werden.

3. Auf der rechten Seite in deinem Notizbuch legst du nun vier Raster an. Auch hier zeichnest du Hilfslinien in 10-Grad-Winkeln ein.

4. Wähle vier unterschiedliche, gut harmonierende Farben und fülle deine Raster aus.

5. Zum Schluss schreibst du in jedes deiner Mandalas den Wochentag. Wenn du magst, kannst du auch noch das Datum hinzufügen. Radiere die Vorzeichnungen der Raster vorsichtig weg.

montag
dienstag
mittwoch
donnerstag
freitag
samstag
sonntag

What comes around

Ein Mandala kann man auch wunderbar auf einem Aquarellhintergrund platzieren. Drumherum ein hübsches Brush Lettering und schon hat man ein beeindruckendes Kunstwerk erschaffen.

Du brauchst:

- Zirkel
- Bleistift
- Aquarellpapier
- Geodreieck
- Aquarellmarker in Dunkelgrün und Hellgrün
- Fineliner in Schwarz
- Brush Pen, klein, in Schwarz

So geht's:

1. Feuchte die Fläche, auf der das Mandala später platziert werden soll, mit einem nassen Pinsel an. Tupfe mit dem Aquarellmarker in die feuchte Fläche und lasse die Farben ineinander verlaufen. Lasse alles gut trocknen.

2. Lege nun mit einem Zirkel und einem Geodreieck dein Raster an. Die Hilfslinien platzierst du im Winkel von 10 Grad.

3. Mit einem schwarzen Fineliner zeichnest du nun Ring für Ring dein Mandala-Muster in dein Raster.

4. Anschließend platzierst du dein Brush Lettering rund um dein fertiges Mandala.

5. Radiere deine Hilfslinien vorsichtig weg. Achte darauf, dass auch der Fineliner und die Farbe des Brush Pens gut getrocknet sind, damit nichts verwischt.

what goes around comes around

Happy Mail

Handgeschriebene und dazu noch hübsch gestaltete Briefe zaubern jedem Empfänger ein Lächeln ins Gesicht. Nimm dir Zeit und schreibe einem lieben Menschen einen Brief und mache ihm schon beim Blick in den Briefkasten eine besondere Freude mit diesem hübsch gestalteten Umschlag.

Du brauchst:

- ⊙ Zirkel
- ⊙ Bleistift
- ⊙ Briefumschlag, C6, in Rosa
- ⊙ Geodreieck
- ⊙ Brush Pen, klein, in Pink
- ⊙ Fineliner in Himbeere und Dunkellila
- ⊙ Radiergummi

So geht's:

1. Lege dein Raster auf der Lasche des Briefumschlags an. Dafür legst du den Umschlag am besten offen vor dich hin. Den Zirkel stichst du dabei möglichst nah an der Spitze ein. Jetzt ziehst du die Kreise bis an den Rand der Lasche.

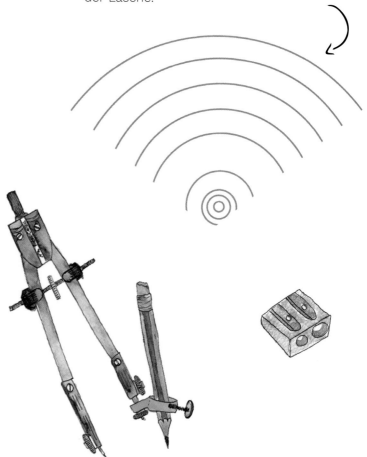

2. Die Hilfslinien legst du im 22,5-Grad-Winkel an. Achte darauf, nicht auf die Vorderseite des Umschlags zu zeichnen. Diese bleibt komplett frei, damit du sie später mit der Empfängeradresse beschriften kannst.

3. Skizziere mit einem Bleistift dein Lettering rechts unten auf die Briefumschlag-Rückseite.

Happy Mail ♡

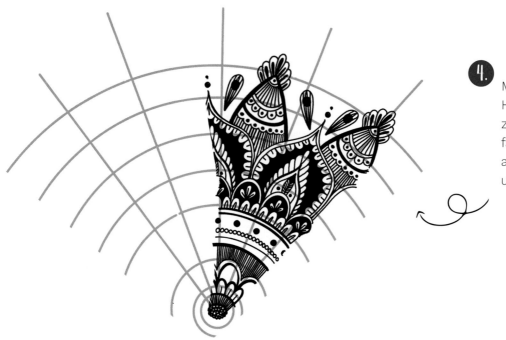

4. Mit den Finelinern in Himbeere und Dunkellila zeichnest du nun sorgfältig das Mandala-Muster auf die Lasche des Briefumschlags.

5. Mit dem Brush Pen in Pink schreibst du zum Schluss dein Lettering. Schöne Akzente setzt du dann mit dem dunklen Fineliner, den du schon für das Malen des Mandalas benutzt hast.

Happy Mail
Tombow TWINTONE
Liebe M
Ich habe le
niedlichen
würden

Dankbarkeit

Diese Seite darf eigentlich in keinem Tagebuch oder selbstgestalteten Kalender fehlen. Fokussierst du dich jeden Tag für ein paar Minuten auf die schönen Dinge des Tages und notierst in nur einer Zeile regelmäßig täglich, wofür du dankbar bist, wird sich dies positiv auf dein Mindset auswirken. Du wirst bessere Laune haben, optimistischer aufs Leben blicken und du kannst dich leichter weiterentwickeln. Das klingt ein wenig nach Hokus Pokus, ist aber bereits mehrfach wissenschaftlich belegt worden. Probier es doch mal aus!

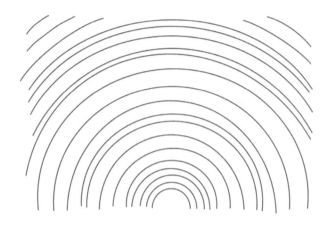

Du brauchst:

- Zirkel
- Bleistift
- Tagebuch oder Notizbuch
- Geodreieck
- Brush Pen, klein, in Pink
- Fineliner in Apricot, Pink, Violett, Helllila, Lila, Mint und Hellblau
- Radiergummi

So geht's:

1. Lege dein Raster auf einer rechten Seite deines Notizbuches an. Den Zirkel stichst du genau mittig am Bund in die Seite und ziehst deine Kreise, bis die Seite komplett gefüllt ist.

2.

Die Hilfslinien legst du im 22,5-Grad-Winkel an. Schreibe mit einem Bleistift das Wort „Dankbarkeit" oben auf die linke Notizbuchseite. Lege dir nun deine Fineliner in der oben angegebenen Reihenfolge neben dein Buch.

Dankbarkeit

3.

Zeichne jetzt das Muster auf dein Raster und beginne mit der Farbe Apricot. Wechsle bei jedem neuen Ring die Farbe. Hast du einen Ring gefüllt, lege den Stift nach ganz rechts in die Reihe deiner Fineliner und nimm die nächste Farbe von links. So hältst du immer die Reihenfolge ein und musst nicht über die richtige Farbreihenfolge nachdenken.

Dankbarkeit ✔

EINE ZEILE PRO TAG

4. Mit dem Brush Pen schreibst du anschließend die Überschrift auf der linken Seite in deinem Notizbuch nach. Darunter den Zusatz: „Eine Zeile pro Tag".

1
2
3
4
5
6
7
8
9
10
11
12
13
14
15
16
17
18
19
20
21
22
23
24
25
26
27
28
29
30

5. An den linken Rand der Seite schreibst du nun die Zahlen 1 bis 30 bzw. 31. Wenn du magst, kannst du auf dieser Seite auch noch den Monatsnamen mit einem Fineliner einfügen. So kannst du später immer wieder nachsehen, wofür du in diesem Monat dankbar warst.

Januar   Juli
Februar   August
März   September
April   Oktober
Mai   November
Juni   Dezember

♥ Dankbarkeit ♥

EINE ZEILE PRO TAG

1. Für den Sonnenschein
2. Für die Gesundheit meiner Familie
3. Wein mit den Mädels ☺
4. Erdbeerkuchen ♥
5. mein Studium läuft super!
6. Klimaanlagen! Heute war es sooo warm...
7.
8.
9.
10.
11.
12.
13.
14.
15.
16.
17.
18.
19.
20.
21.
22.
23.
24.
25.
26.
27.
28.
29.
30.

Lieblingsbeutel

Plastiktüten sind schon lange nicht mehr zeit-gemäß. Nachhaltigkeit ist wichtiger denn je und selbst bemalte, wiederverwendbare Beutel sind individuell, bunt und machen beim Wochen-einkauf, als Yogatasche oder als Geschenk richtig gute Laune. Je bunter, je besser!

Du brauchst:

- Zirkel
- Bleistift
- Stoffbeutel, hell
- Geodreieck
- Stoffmalfarben, in Gelb, Pink, Grün und Blau
- Stoffmalstift, in Schwarz

So geht's:

1.

Lege ein Stück Pappe in den Beutel, damit die Farbe sich nicht auf die Rückseite überträgt. Verdünne nun deine Stoffmalfarben mit Wasser und feuchte den Stoff mit einem Schwamm an. Die Farbe tupfst du jetzt auf den feuchten Stoff. So entsteht ein bunter Aquarelleffekt als Hin-tergrund für dein Mandala sowie das Lettering.

2.

Zeichne mit deinem Zirkel und einem Bleistift das Raster für dein Mandala auf den Beutel. Lasse in der Mitte viel Platz für dein Lettering. Die Hilfslinien legst du im 45-Grad-Winkel an. Skizziere nun noch das Mandala-Muster mit deinem Bleistift.

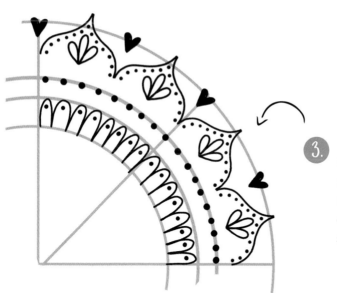

3. Mit einem Stoffmalstift in Schwarz malst du nun die Muster der Mandalas in deine Raster. Lasse dir hierfür besonders viel Zeit, denn wenn du dich auf dem Stoff einmal vermalt hast, lässt sich dieser Fehler nur sehr schwer beheben.

4. Skizziere mit einem Bleistift das Lettering mittig auf den Beutel. Sollte dir dein Schriftzug nicht gefallen, kannst du ihn ein wenig wegradieren und korrigieren.

5. Male das Lettering mit dem Stoffmalstift nach. Auch hier solltest du die Rückseite deines Beutels mit einem Stück Pappe schützen, welche du in den Beutel legst.

6. Fixiere deine Stoffmalfarben mit einem Bügeleisen. Beachte hierbei die Anweisungen auf der Verpackung. Deine Bleistift-Vorzeichnung wird nach der ersten Wäsche komplett verschwunden sein.

Tipp: Dieses Mandala wirkt auch wunderbar mit verschiedenen Stoffmalfarben auf einen hellen Beutel gemalt.

Nachwort

Am Ende dieses Buches möchte ich mich ganz herzlich bei dir dafür bedanken, dass du mit mir die Mandala-Reise mit Fineliner und Brush Pen angetreten hast. Ich hoffe, ich konnte dich zu eigenen Kreationen inspirieren.

Mein besonderer Dank geht (natürlich) an meinen Mann und meine Mädels, die wochenlang von mir nichts anderes gehört haben als: „Ich habe keine Zeit, das Buch ..." und trotzdem ganz viel Geduld mit mir hatten.

Ein großer Dank geht außerdem an Britta Sopp und Tina Bungeroth von ZweiKonzept GbR sowie an folgende Firmen, die mich mit Materialien für dieses Buch unterstützt haben:
Kunstpark GmbH, Marabu GmbH & Co. KG, idee. Creativmarkt GmbH & Co. KG, Rico Design, Wortwal Birgit Korte, Rayher Hobby GmbH, C. Kreul GmbH Co. KG und Skullpaper.

Impressum

Illustrationen und Fotos: Nina Rötters
Verantwortlich: Maria Möllenkamp
Lektorat und Produktmanagement: ZweiKonzept GbR
Layout: Michael Feuerer
Umschlaggestaltung: Leeloo Molnár
Repro: LUDWIG:media
Herstellung: Kathleen Baumann
Printed in Slovenia by Florjancic

Sind Sie mit diesem Titel zufrieden? Dann würden wir uns über Ihre Weiterempfehlung freuen. Erzählen Sie es im Freundeskreis, berichten Sie Ihrem Buchhändler oder bewerten Sie bei Onlinekauf. Und wenn Sie Kritik, Korrekturen, Aktualisierungen haben, freuen wir uns über Ihre Nachricht an:
Christian Verlag, Postfach 40 02 09, D-80702 München oder per E-Mail an lektorat@verlagshaus.de.

Unser komplettes Programm finden Sie unter

Die Deutsche Nationalbibliothek verzeichnet diese Publikation in der Deutschen Nationalbibliografie; detaillierte bibliografische Daten sind im Internet über http://dnb.d-nb.de abrufbar.

© 2021 Christophorus Verlag in der Christian Verlag GmbH
Infanteriestraße 11a, 80797 München

ISBN: 978-3-86230-435-6

Ebenfalls erhältlich ...

ISBN 978-3-86230-426-4

ISBN 978-3-86230-409-7

ISBN 978-3-86230-415-8

ISBN 978-3-86230-424-0

ISBN 978-3-86230-412-7

ISBN 978-3-86230-419-6